AF821159

Unia Genosis

Clearing V

Unia Genosis

Clearing V

Aufklärungsbemühungen

Goldene Rakete Verlag für Belletristik

Imprint

Cover image: www.ingimage.com

Publisher:
Goldene Rakete Verlag für Belletristik
is a trademark of
International Book Market Service Ltd., member of OmniScriptum Publishing Group
17 Meldrum Street, Beau Bassin 71504, Mauritius

Printed at: see last page
ISBN: 978-620-0-51885-9

Inhaltsverzeichnis:

I. Stellungnahme der überweisenden Bank:

1. Schreiben des Ombudsmanns an die Bankkundin:[1]

Ombudsmannverfahren

Bankkundin ./. überweisende Bank

Aktenzeichen

Sehr geehrte Bankkundin,

beigefügt übersenden wir Ihnen die Stellungnahme der überweisenden Bank auf die oben genannte Beschwerde.

Sie haben die Möglichkeit, sich innerhalb eines Monats ab Zugang unseres Schreibens zu dieser Stellungnahme zu äußern.

Nach Ablauf der Frist werden wir den Vorgang dem Ombudsmann vorlegen.

---

[1] 08.01.2020

Eine separate Stellungnahme der Korrespondenzbank liegt uns bisher nicht vor.

Wir haben dies heute bei der Bank angemahnt.

Für den Fall, dass sich Ihre Beschwerde inzwischen erledigt hat, bitten wir um eine kurze Rückmeldung (gerne auch per Mail).

Mit freundlichen Grüßen

Referentin

2. Schreiben der überweisenden Bank an den Ombudsmann:[2]

Ihr Zeichen

Unser Zeichen

Telefon

Datum: 16.12.2019

Betrifft: Ombudsmannverfahren: Bankkundin ./. Bank

Sehr geehrte Damen und Herren,

zu dem uns mit Schreiben vom 15.11.2019 zugeleiteten Schlichtungsantrag der Bankkundin (nachfolgend „Antragstellerin" genannt) nehmen wir wie folgt Stellung:

[2] 16.12.2019

Die Bank (nachfolgend „Bank“ genannt) führt für die Antragstellerin ein Konto mit der Kontonummer XXX.

Der Schlichtungsantrag ist unbegründet.

Ein Erstattungsanspruch der Antragstellerin gegen die Bank besteht nicht.

Für die Antragstellerin führten wir am 04.04.2014 eine Überweisung in Höhe von 5.000,00 Euro an die Bank, 52100 Kuala Lumpur, Malaysia über unsere Korrespondenzbank aus.

Am 09.04.2014 erreichte uns ein Fax der Filiale mit der Bitte um Rückforderung der Überweisung wegen Betrugsverdachts.

Taggleich baten wir unsere Korrespondenzbank per Swift um die Rückholung des Überweisungsbetrags.

Zugleich haben wir die Antragstellerin darüber informiert, dass die Rückforderung eingeleitet wurde, der Erfolg aber nicht garantiert werden könne.

Die Korrespondenzbank hat am 09.04.2014 deren mit Valuta 08.04.2014 ausgeführte Zahlung erstmalig per Swift von der Empfängerbank zurückgefordert und uns eine diesbezügliche Information zukommen lassen.

Diese Rückforderung wurde in den Folgetagen mehrfach wiederholt.

Am 24.04.2014 informierte uns die Korrespondenzbank, dass eine Rückzahlung nicht erfolgen kann, da die Empfängerbank den Empfänger der Zahlung nicht erreichen kann.

Taggleich wurde die Antragstellerin von uns schriftlich davon in Kenntnis gesetzt, dass die Rückforderung nicht erfolgreich durchgeführt werden konnte.

Da uns die Antragstellerin mit Email vom 03.06.2014 erneut darum bat, den Verbleib des Geldes zu ermitteln, erfolgte taggleich eine erneute Anfrage an die Korrespondenzbank.

Diese teilte uns am 23.06.2014 mit, dass die Empfängerbank nicht auf ihre Anfragen geantwortet habe.

Vor diesem Hintergrund haben wir die Empfängerbank am 23.06.2014 erstmalig direkt angeschrieben und um Beantwortung unserer Fragen gebeten.

Am 01.07.2014 haben wir die Antragstellerin darüber in Kenntnis gesetzt, dass unsere Anfragen an die Empfängerbank nicht beantwortet wurden.

Am Folgetag erhielten wir eine Mitteilung der Empfängerbank, dass der Empfänger die Echtheit der Zahlung bestätigt und die Rückgabe des Geldes abgelehnt habe.

Eine erneute Anfrage der Antragstellerin in dieser Angelegenheit haben wir am 23.04.2019 erhalten.

In dieser wurden wir abermals um Unterstützung bei der Rückholung des Geldes gebeten. Am 23.04.2019 haben wir die Empfängerbank daher erneut angeschrieben und um Rückgabe des Betrages gebeten.

Andernfalls baten wir um Bestätigung, ob das Geld auf den Empfängerkonto noch verfügbar ist und ob eine weitere Kontaktaufnahme zum Kontoinhaber erfolgt ist.

Die Empfängerbank antwortete am 03.05.2019, dass der Empfänger nicht kontaktiert werden konnte.

Hierüber haben wir die Antragstellerin am selben Tag informiert.

Mit Anfrage vom 13.05.2019 kontaktierte uns die Antragstellerin erneut. In unserer Antwort vom 16.05.2019 haben wir eine Erstattung des Überweisungsbetrages abgelehnt.

Da die Antragstellerin dieses Schreiben nicht erhalten haben will, haben wir ihr am 15.10.2019 die gewünschte Kopie unseres Antwortschreibens zugesandt.

Am 18.10.2019 erhielten wir eine weitere Email der Antragstellerin, in der sie der überweisenden Bank vorwirft, diese habe ihren ursprünglichen Rückruf der Zahlung zu spät bearbeitet.

Laut der Antragstellerin wäre die Gutschrift auf dem Empfängerkonto bei rechtzeitiger Bearbeitung verhindert worden.

Am 18.10.2019 haben wir der Antragstellerin abschließend mitgeteilt, dass wir eine Erstattung ablehnen.

Diesen Standpunkt vertreten wir weiterhin.

Gemäß Ziffer 5 der Besonderen Bedingungen „Überweisungen“ (Anlage 1) ist ein Widerruf nur bis zum Zugang des Überweisungsauftrags zulässig.

Wie oben ausgeführt wurde die Überweisung bereits am 04.04.2019 ausgeführt.

Der Widerruf der Überweisung durch die Antragstellerin erfolgte – auch nach ihrem eigenen Vortrag in ihrer Beschwerde – am 09.04.2014 und war daher verspätet.

Zudem belegt der oben geschilderte Ablauf, dass die überweisende Bank unmittelbar nach Eingang des Widerrufs tätig geworden ist und mehrfach versucht hat, der Antragstellerin zu helfen.

Wir bedauern, dass die Antragstellerin Opfer eines Betruges geworden ist, bitten jedoch um Verständnis, dass wir keine rechtliche Grundlage für gegen uns gerichtete Schadensersatzansprüche sehen.

Für Rückfragen stehen wir Ihnen gerne zur Verfügung.

Mit freundlichen Grüßen

Beschwerde- und Qualitätsmanagement

Anlage

3. Anlage zur Stellungnahme der überweisenden Bank:[3]

Besondere Bedingungen

I Allgemeines

1 Wesentliche Merkmale der Überweisung einschließlich des Dauerauftrags und der terminierten Überweisung

2 Kundenkennungen

3 Erteilung des Überweisungsauftrags und Autorisierung

4 Zugang des Überweisungsauftrags bei der Bank

5 Widerruf des Überweisungsauftrags

6 Ausführung des Überweisungsauftrags

7 Ablehnung der Ausführung

8 Übermittlung der Überweisungsdaten

9 Anzeige nicht autorisierter oder fehlerhaft ausgeführter Überweisungen

10 Entgelte und deren Änderung

11 Wechselkurz

12 Meldepflichten nach Außenwirtschaftsrecht

---

[3] 16.12.2019

II Überweisungen innerhalb Deutschlands und in andere Staaten des Europäischen Wirtschaftsraums (EWR) in Euro oder in anderen EWR-Währungen

1 Erforderliche Angaben

2 Maximale Ausführungsfrist

3 Erstattungs-, Berichtigungs- und Schadensersatzansprüche des Kunden

III Überweisungen innerhalb Deutschlands und in andere Staaten des Europäischen Wirtschaftsraums (EWR) in Währungen eines Staates außerhalb des EWR (Drittstaatenwährung) sowie Überweisungen in Staaten außerhalb des EWR (Drittstaaten)

1 Überweisungen innerhalb Deutschlands und in andere Staaten des Europäischen Wirtschaftsraums (EWR) in Währungen eines Staates außerhalb des EWR (Drittstaatenwährung)

2 Überweisungen in Staaten außerhalb des EWR (Drittstaaten)

Anhang: Verzeichnis der Kurzformen für Zielland und Währung

4. Schreiben der Bankkundin:[4]

Sehr geehrte Frau Y.,

sehr geehrte Damen und Herren,

anbei meine Stellungnahme zur Stellungnahme der überweisenden Bank vom 16.12.2019.

Bitte bestätigen Sie mir (noch vor Fristablauf) den Eingang meines Schreibens.

Sollte eine postalische Zusendung vonnöten sein, bitte ich Sie hiermit, mir dies noch rechtzeitig vor Fristablauf schriftlich bekannt zu geben.

Mit freundlichen Grüßen

Bankkundin

[4] 13.01.2020

5. Anschreiben und Stellungnahme der Bankkundin:[5]

Sehr geehrte Damen und Herren,

vielen Dank für die Übersendung der Stellungnahme der überweisenden Bank – eine Niederlassung der Bank AG und die eingeräumte Möglichkeit, mich innerhalb eines Monats ab Zugang Ihres Schreibens zu dieser Stellungnahme äußern zu dürfen.

Anbei meine Stellungnahme zur Stellungnahme der überweisenden Bank vom 16.12.2019:

Mit freundlichen Grüßen

Bankkundin

[5] 13.01.2020

I. <u>Begründung:</u>

- Der Schlichtungsantrag bzw. die Beschwerde ist nicht unbegründet, sondern sehr wohl begründet.

- Herr A. von der Abteilung Nachforschung Ausland hat mir als Bankkundin diesen Schritt ausdrücklich und schriftlich nachweislich empfohlen, postalisch darauf verwiesen und dazu angeraten.

- Am 18.10.2019 schreibt Herr A. auf Seite 2: „**Möchten Sie dennoch Ihre Beschwerde aufrechterhalten?** Dann wenden Sie sich bitte an den Ombudsmann, an dessen Verfahren die überweisende Bank teilnimmt." Bzw. „Bitte richten Sie Ihre Beschwerde in Textform (per Brief, E-Mail oder Fax) an: Geschäftsstelle des Ombudsmann."

- Somit widerspricht sich hiermit die überweisende Bank selbst, indem sie einerseits zur Beschwerde aufruft und andererseits selbige als unbegründet zu verwerfen trachtet.

II. Informationen:

- Der Stellungnahme der überweisenden Bank sind der Bankkundin vollständig neuwertige Informationen zu entnehmen gewesen, welche für die Bankkundin bereits 5 ½ zuvor von erheblicher Bedeutung gewesen wären, auch in Bezug auf die Aufklärung des Falles a) in Bezug auf eine Refundierung des Betrages aus dem Ausland, b) in Bezug auf die Strafverfolgung durch Polizei und Staatsanwaltschaft etc. wegen des aktenkundigen Betrugsfalles.

- Hierzu gehören Informationen wie beispielsweise auf Seite 1 der Stellungnahme: dass die Korrespondenzbank die „mit Valuta 08.04.2014 ausgeführte Zahlung erstmalig per Swift von der Empfängerbank zurückgefordert“ habe und dass diese Rückforderung durch die Korrespondenzbank „in den Folgetagen mehrfach wiederholt“ wurde.

- Hierzu gehört ebenfalls die Information, dass die Korrespondenzbank die überweisende Bank am 24.04.2014 darüber informiert hat, „dass eine Rückzahlung nicht erfolgen kann, da die Empfängerbank den Empfänger der Zahlung nicht erreichen kann.“

- Ebenfalls gehört zu den Informationen, dass am 03.06.2014 „taggleich eine erneute Anfrage an die Korrespondenzbank“ erfolgte, dass diese der überweisenden Bank am 23.06.2014 mitteilte, „dass die Empfängerbank nicht auf ihre Anfrage geantwortet habe“ und dass die überweisende Bank „vor diesem

Hintergrund ... die Empfängerbank am 23.06.2014 erstmalig direkt angeschrieben und um Beantwortung“ der Fragen gebeten hat.

- Die wesentliche und für den Fall bedeutsamste Information jedoch, die mir seit 5 ½ Jahren (wissentlich) vorenthalten worden ist, ist folgende, dass die überweisende Bank am „Folgetag“ [02.07.2014] eine Mitteilung der Empfängerbank erhalten hat, „dass der Empfänger die Echtheit der Zahlung bestätigt und die Rückgabe des Geldes abgelehnt habe.“

- Mit dieser Information bestätigt die Empfängerbank Kontakt zum Empfänger (strafrechtlich verfolgter Betrüger / verfolgtes Betrugskomplott) zu haben bzw. gehabt zu haben. Demnach handelt es sich beim Empfänger um eine real existierende Person, welche mit der Bank in Kontakt zu treten in der Lage ist und welche durch die Bank – auch rückwirkend – zu identifizieren ist.

- Dieses war somit auch – inzwischen bereits seit 5 ½ Jahren der überweisenden Bank bekannt.

- Dies wird belegt durch die Behauptung auf Seite 2 der Stellungnahme der überweisenden Bank, „Andernfalls baten wir um Bestätigung, ob das Geld auf dem Empfängerkonto noch verfügbar ist und ob eine WEITERE Kontaktaufnahme zum Kontoinhaber erfolgt ist.“

- Die Antwort der Empfängerbank vom 03.05.2019, „dass der Empfänger nicht kontaktiert werden konnte“, ist a) wiederum nur eine bloße Behauptung, ohne jeglichen Beweis, möglicherweise sogar eine erneute Lüge und beantwortet b) auch nicht die Frage danach, ob sich das Geld noch auf dem Empfängerkonto befindet.

- Außerdem widerspricht es den Angaben aus der Kommunikation mit der Empfängerbank, das Geld sei nicht auf dem Konto. Hier widersprechen sich also die Mitteilungen der überweisenden Bank auf´s Neue. Dies gilt es zu überprüfen!

- Am 03.05.2019 schreibt mir nämlich Herr A. von der Abteilung Nachforschungen Ausland folgendes: „Aufgrund Ihrer erneuten Anfrage haben wir nochmals bei der Empfängerbank angefragt und die folgende Nachricht erhalten. Zitat: 1. THE AMOUNT NOT AVAILABLE IN THE ACCOUNT 2. UNABLE TO CONTACT CUSTOMER. Zitatende. Wir bedauern Ihnen in dieser Angelegenheit nicht weiter behilflich sein zu können. Wir haben den Vorgang abgeschlossen."

- Die Bank wäre verpflichtet gewesen, diese wesentliche/n Information/en – insbesondere nach den wiederholten Nachfragen über die Jahre hinweg – auch an die betroffene Bankkundin weiterzuleiten.

III. Ermittlungen:

- Die überweisende Bank, welche mir noch am 24.04.2014 schrieb: „Die Empfängerbank kann den Empfänger nicht kontaktieren. Daher ist eine Rückgabe der Zahlung nicht möglich. Zitat der Nachricht der Empfängerbank: WE UNABLE TO CONTACT THE ACCOUNT HOLDER FOR THE RECALL OF FUND. WE CLOSE OUR FILE Zitatende. Wir bedauern, dass wir Ihnen nicht weiterhelfen können.", hätte mich – statt eines Bedauerns – unmittelbar nach Kenntnisnahme der Kontakts der Empfängerbank zum Empfänger darüber in Kenntnis setzen müssen, wusste sie doch: a) über die Tatsache des Betruges Bescheid und b) über die Absicht der Bankkundin, den Fall aufzuklären, bzw. c) den überwiesenen Betrag zu refundieren.

- Hiermit liegt also eine „unterlassene Hilfeleistung" wider besseres Wissen vor.

- Bereits am 22.04.2014 war mir vom Polizeipräsidium die Bestätigung über die am 16.04.2014 erstattete Strafanzeige wegen § 263 StGB Betrug (sonstiger) ausgestellt und somit das Ermittlungsverfahren der Staatsanwaltschaft gegen Unbekannt wegen Betruges eingeleitet worden.

- Dieses Ermittlungsverfahren der Staatsanwaltschaft musste am 09.01.2015 leider daher eingestellt werden, „weil der Täter nicht ermittelt werden konnte."

- Hätte mir die überweisende Bank die Informationen über den Kontakt der Empfängerbank zu dem Empfänger als polizeilich gesuchtem und staatsanwaltschaftlich ermitteltem Betrüger rechtzeitig mitgeteilt, hätte das Verfahren nicht eingestellt werden müssen.

- Somit hat die unterlassene Hilfeleistung dazu geführt, dass ein von mir eingeleitetes Verfahren zur Aufklärung des Betrugsfalles unnötig eingestellt werden musste und nicht zum Erfolg führte.

- Die Staatsanwaltschaft schrieb im selben Schreiben vom 09.01.2015 jedoch ebenso: „Die Ermittlungen werden jedoch wieder aufgenommen, wenn sich in der Folgezeit Anhaltspunkte für einen konkreten Täter ergeben sollten. Insoweit bitte ich auch Sie ggf. um sachdienliche Mitteilungen zu dem obigen Aktenzeichen."

- Insofern bitte ich hiermit die überweisende Bank bzw. Korrespondenzbank erneut um „sachdienliche Mitteilungen" bzw. darum, mir die konkreten „Anhaltspunkte für einen konkreten Täter" mitzuteilen, um die Ermittlungen wieder aufnehmen zu können.

- Andernfalls wird dadurch mutmaßlich und aktiv ein Ermittlungsverfahren nicht nur fortlaufend behindert, sondern wissentlich und somit strafbar vereitelt.

- Für den entstandenen Schaden bitte ich dementsprechend um Schadenserstattung und Entschädigung.

- Am 14.10.2018 erstattete ich Strafanzeige wegen des Verdachts auf Betrug bzw. Unterstützung eines Betruges und Deckung eines Betrügers bzw. Betrugskomplottes gegen Empfängerbank in Malaysia bei der Staatsanwaltschaft. Leider musste auch dieses Verfahren am 19.02.2019 eingestellt werden, da „ein strafbares Verhalten der Beschuldigten ... nicht mit der zu einer Anklageerhebung hinreichenden Sicherheit nachgewiesen werden" konnte. Auch hier trifft – wie oben bereits beschrieben – zu, dass wesentliche der Bank bzw. den Banken vorliegende Sachverhalten NICHT oder nicht ausreichend bzw. nur unvollständig und in Auszügen an die betroffene Bankkundin weitergeleitet wurden.

- Die Generalstaatsanwaltschaft schreibt am 29.03.2019 hierzu: „Der Umstand, dass bei diesem Institut das Konto geführt wird, auf das der in Rede stehende Betrag überwiesen wurde ... reicht nicht aus, einen Tatverdacht zu begründen, zumal davon auszugehen ist, dass den Verantwortlichen der Bank mit Ausnahme der Angaben der Anzeigeerstatterin keine weiteren Erkenntnismittel zur Verfügung standen."

- Mit der Stellungnahme der überweisenden Bank vom 16.12.2019 wird eindeutig ersichtlich, dass seit dem Jahr 2014 durchaus weitere Erkenntnismittel zur Verfügung standen, gestanden haben und weiterhin auch stehen.

- Es ist nun endlich an der Zeit, mich als die nachweislich Betrogene, in Bezug auf 5 ½ Jahre lang wissentlich zurückgehaltende Informationen vollständig zu informieren, um diesen lang anhaltenden chronisch bedrückenden Zustand zu beenden und einer sinnvollen Lösung zuzuführen.

- Hiermit bitte ich um die Mithilfe und Unterstützung dazu.

- Hier hat die überweisende Bank eindeutig wichtige und wesentliche Informationen wissentlich vorenthalten und somit dazu beigetragen, die dringend beabsichtigte Aufklärung des Betrugsfalles zu verschleiern bzw. die Aufklärungsarbeiten und Strafverfolgung dadurch eklatant zu behindern.

IV. Refundierung:

- Wie schon mitgeteilt, hat mich der Payment Service am 14.12.2015 postalisch angeschrieben, um mir – ungefragt – mitzuteilen, dass das von mir versendete Geld „bis zum heutigen Tag vom designierten Empfänger nicht abgeholt wurde.“

- Darüber hinaus teilt mir der Payment Service selbigen Tages mit, „dass Sie in einer solchen Situation gemäß unseren Allgemeinen Geschäftsbedingungen die Möglichkeit haben, einen Antrag auf Refundierung des Transferbetrages zu stellen.“

- Tatsächlich ließ sich dann der überwiesene Betrag vollständig [inkl. Entgelt] refundieren.

- Es wäre wünschenswert (gewesen), wenn auch meine „Hausbank“, bei welcher ich seit knapp 30 Jahren sowohl ein Girokonto, ein Sparkonto und ein Mastercard-Konto habe, sich mit solchem unaufgeforderten Engagement darum bemüht hätte, einer Bankkundin in Not behilflich zu sein.

- Zumal der Bank durch die Bankkundin mitgeteilt worden war, dass es sich hierbei um einen Betrugsfall handelt, dass eine Strafanzeige bei der Polizei erfolgt war, dass eine Strafverfolgung aufgenommen worden war, später sogar eine Strafanzeige gegen die Empfängerbank in Kuala Lumpur / Malaysia erfolgte, wegen des Verdachts auf Mitwirkung im Betrugsfall.

- Sogar die Zentralbank von Malaysia schreibt dazu am 09.04.2019: „The bank may have to take necessary measures to get the consent before the money could be taken out from the account."

- Ich bitte Sie nun noch einmal eindringlich darum, die notwendigen und erforderlichen Schritte einzuleiten, um das Geld a) entweder unmittelbar zu refundieren, b) den Verlauf des Geldes nach zu verfolgen bzw. c) um Entschädigung in diesem Falle.

- Daher fordere ich die überweisende Bank (und Korrespondenzbank) dazu auf, a) mich bei der Refundierung des Betrages von 5.000,00 EUR aus Malaysia o.ä. zu unterstützen, b) die notwendigen Aufklärungsarbeiten zum Zwecke der Strafverfolgung voranzutreiben (wer ist der Empfänger wirklich, wo hält er sich auf bzw. hat er sich aufgehalten, hat er das Geld abgehoben, wurde es auf ein anderes Konto überwiesen, diesmal – aufgrund der vielen widersprüchlichen Aussagen bzw. Teilwahrheiten oder gar Lügen – nicht nur anhand purer Behauptungen, sondern anhand konkreten Beweismaterials, wie Kontoauszüge, Daten des Kontoinhabers mit (gefälschtem) Namen, Anschrift usw., c) mich für den mir entstandenen Schaden angemessen zu entschädigen.

V. <u>Ergänzung:</u>

- Abschließend möchte ich noch auf die fälschliche Behauptung der überweisenden Bank eingehen, man habe mir „am 15.10.2019 die gewünschte Kopie unseres Antwortschreibens zugesandt“, „da die Antragstellerin dieses Schreiben nicht erhalten haben will“.

- Vielmehr verhält es sich so, dass mir Frau B. vom Zentralen Reklamationsmanagement am 04.06.2019 mitteilte, mir innerhalb der „nächsten zehn Arbeitstage“ antworten zu wollen, mir dann am 19.06.2019 erneut mitteilte, mit „innerhalb der nächsten zehn Arbeitstage [zu] antworten“ und anschließend nichts mehr von sich hören ließ.

- Da es leider keine exklusive Möglichkeit gibt, das Zentrale Reklamationsmanagement mit einer separaten Mailanschrift zu erreichen, sondern für alle Belange lediglich ein und dieselbe Mailanschrift zur Verfügung steht, konnte ich meine Anfragen an das Zentrale Reklamationsmanagement lediglich über diesen Weg an Frau B. richten.

- So schrieb ich denn a) am 05.08.2019 [9:42h], b) am 10.09.2019 [9:49h], c) am 08.10.2019 [4:12h] und d) am 31.10.2019 [8:31h] je eine Anfrage an Frau B. bzw. das Zentrale Reklamationsmanagement mit der Bitte, mir nach einem knappen halben Jahr des vergeblichen Wartens nun doch bitte die angebotene „abschließende Lösung“ zukommen zu lassen.

- Hierauf erhielt ich jedoch (bis zum heutigen Tage) KEIN erbetenes Antwortschreiben von Frau B. bzw. vom Zentralen Reklamationsmanagement, sondern wiederum ein Schreiben von Herrn A. von der Abteilung Nachforschungen Ausland, diesmal vom 15.10.2019 mit folgendem seltsamen Wortlaut: „wir haben von der Korrespondenzbank den Hinweis erhalten, dass Sie unser Antwortschreiben vom 16.05.2019 nicht erreicht hat. Beigefügt erhalten Sie eine Kopie."

- Weder hatte ich je der Korrespondenzbank mitgeteilt, selbiges Schreiben nie erhalten zu haben, noch beinhaltete selbiges Schreiben in irgendeiner Art und Weise eine Antwort, wie sie mir von Frau B. bzw. vom Zentralen Reklamationsmanagement erst am 04.06.2019 bzw. am 19.06.2019 in Aussicht gestellt wurde bzw. worden war.

- Ausdrücklich erwähntes Schreiben stellte lediglich einen weiteren Versuch von Herrn A. von der Abteilung Nachforschungen Ausland dar, mich – wie schon über 5 Jahre hinweg – erneut mit den Phrasen abzuwimmeln: „Bitte haben Sie Verständnis, dass wir Ihnen nicht weiterhelfen können und dass wir weitere Anfragen in dieser Angelegenheit nicht mehr beantworten."

- Somit wurde schon bankintern – zwischen Frau B. bzw. dem Zentralen Reklamationsmanagement und Herrn A. bzw. der Abteilung Nachforschungen Ausland – mit mir „Hase und Igel" gespielt.

- Darüber hinaus – wie schon in meinem Eröffnungsbrief ausführlich geschildert – zwischen der überweisenden Bank und der Korrespondenzbank.

- Schließlich, wie ich der Stellungnahme der überweisenden BAnk entnehmen kann, auch zwischen beiden Banken und der Empfängerbank.

- Dieses „Hase und Igel“-Spiel bitte ich nun zu beenden, und mir die – mir rechtlich zustehenden – Informationen komplett zukommen zu lassen, um besagten Fall zum Abschluss zu bringen, den vollständigen Betrag zu refundieren oder zu erstatten.

6. Schreiben des Ombudsmanns an die Bankkundin:[6]

Ombudsmannverfahren

Bankkundin ./. überweisende Bank

Aktenzeichen

Sehr geehrte Frau G.,

wir bestätigen den Erhalt Ihrer Erwiderung vom 13. Januar 2020, die wir an die oben genannten Banken weitergeleitet haben.

Über den Fortgang der Angelegenheit werden wir Sie unterrichten.

Mit freundlichen Grüßen

Leiterin Geschäftsstelle

Ombudsmann

---

[6] 22.01.2020

7. Schreiben der Bankkundin:[7]

Aktenzeichen

Sehr geehrte Leiterin der Geschäftsstelle,

mit heutiger Post erhielt ich Ihr Schreiben vom 22.01.2020 mit der Bestätigung des Erhalts meiner Erwiderung.

Liegt inzwischen denn die am 08.01.2020 angemahnte separate Stellungnahme der Korrespondenzbank vor?

Mit freundlichen Grüßen,

Bankkundin

[7] 28.01.2020

II. Stellungnahme der Korrespondenzbank:

1. Schreiben des Ombudsmanns an die Bankkundin:[8]

Ombudsmannverfahren

Bankkundin ./. überweisende Bank

Aktenzeichen

Sehr geehrte Frau G.,

beigefügt übersenden wir Ihnen die Stellungnahme der Korrespondenzbank.

Diese teilt mit, dass sie keine Kundenbeziehung feststellen kann.

Bitte teilen Sie uns mit, ob Sie den Schlichtungsantrag gegen die Korrespondenzbank unter diesen Umständen zurücknehmen.

[8] 27.01.2020

Sofern wir **bis zum 28. Februar 2020** keine weitere Nachricht von Ihnen erhalten, werden wir den Vorgang dem Ombudsmann vorlegen.

Für den Fall, dass sich Ihre Beschwerde inzwischen **erledigt** hat, bitten wir um eine kurze Rückmeldung (gerne auch per Mail).

Mit freundlichen Grüßen

Leiterin Geschäftsstelle

Ombudsmann

2. Schreiben der Korrespondenzbank an den Ombudsmann:[9]

Ombudsmannverfahren

Bankkundin ./. Bank

Ihr Aktenzeichen

Sehr geehrte Damen und Herren,

vielen Dank für Ihr Schreiben vom 8. Januar 2020 und die damit übermittelte Stellungnahme der überweisenden Bank vom 16. Dezember 2019.

Zu der Beschwerdeführerin können wir keine Kundenverbindung feststellen, so dass wir darum bitten, die Beschwerde gegen unsere Bank zurückzuweisen.

Wir bitten hierbei auch zu berücksichtigen, dass die überweisende Bank einzig eine Niederlassung der Firmenkundenbank ist.

Die Firmenkundenbank stellt im Verhältnis zur Korrespondenzbank eine eigene Rechtseinheit dar.

[9] 14.01.2020

Mit freundlichen Grüßen

Kundenbeschwerdestelle

3. Schreiben der Bankkundin:[10]

Aktenzeichen

Sehr geehrte Leiterin der Geschäftsstelle,

mit heutiger Post erhielt ich Ihr Schreiben vom 27.01.2020 mit beigefügter Stellungnahme der Korrespondenzbank vom 14.01.2020.

Hiermit teile ich Ihnen mit, dass ich den Schlichtungsantrag gegen die Korrespondenzbank nicht zurückzunehmen beabsichtige.

Mit freundlichen Grüßen,

Bankkundin

[10] 04.02.2020

III. Schlichtungsverfahren:

1. Schreiben des Ombudsmanns an die Bankkundin:[11]

Ombudsmannverfahren

Bankkundin ./. überweisende Bank

Aktenzeichen

Sehr geehrte Frau G.,

wir bestätigen den Erhalt Ihrer E-Mail vom 28. Januar 2020 sowie Ihrer Erwiderung vom 4. Februar 2020, die wir der oben genannten Bank zur Kenntnis gegeben haben.

Vorbehaltlich der abschließenden Beurteilung durch den Ombudsmann liegen alle Informationen für das Schlichtungsverfahren vor.

---

[11] 18.02.2020

Sollte der Ombudsmann noch weitere Stellungnahmen, Unterlagen oder sonstige Informationen benötigen, werden Sie hiervon in Kenntnis gesetzt.

Andernfalls wird Ihnen der Ombudsmann seine Entscheidung direkt zuleiten.

Mit freundlichen Grüßen

Leiterin Geschäftsstelle

Ombudsmann

IV. Schlichtungsspruch:

1. Schreiben des Ombudsmanns an die Bankkundin:[12]

Ombudsmannverfahren

Bankkundin ./. überweisende Bank

Aktenzeichen

Sehr geehrte Frau G.,

in der Anlage erhalten Sie den Schlichtungsspruch, der in der vorbezeichneten Angelegenheit ergangen ist.

Mit freundlichen Grüßen

(Dr. iur. Ombudsmann)

---

[12] 12.03.2020

Anlage

2. Schlichtungsspruch des Ombudsmanns:[13]

In dem Schlichtungsverfahren

Bankkundin

gegen

überweisende Bank

und

Korrespondenzbank

Aktenzeichen

[13] 08.03.2020

ergeht folgender

Schlichtungsspruch:

Der Schlichtungsantrag hat keinen Erfolg.

Anfang April 2014 überwies die Antragstellerin über die Antragsgegnerin (überweisende Bank, nachfolgend: „Bank 1“) unter Einschaltung der Korrespondenzbank (nachfolgend: „Bank 2“) auf ein Konto bei der Empfängerbank in Malaysia einen Betrag von 5000,- €.

Nach dem Vortrag der Antragstellerin habe es sich dabei um einen betrügerisch erwirkten Betrag gehandelt, dessen Rücküberweisung sie schon seit der damaligen Überweisung begehrt.

Die Zwecksetzung dieser Überweisung wie auch den vorgesehenen Letztempfänger in Malaysia hat sie aus Gründen, die mir nicht bekannt sind, nicht bezeichnet, auch nicht, weshalb es sich um eine „betrügerisch erwirkte“ Überweisung gehandelt hat.

Ihre bisherigen Bemühungen, unter Einschaltung der Banken 1 und 2 und der Empfängerbank eine Rücküberweisung der bezeichneten Summ zu erhalten, waren bislang ohne Erfolg.

Dabei gingen die Informationen aus Malaysia in die Richtung, dass der Empfänger des Geldes nicht erreichbar und eine Rücküberweisung ohne seine Zustimmung nicht möglich sei.

Die Bank 1 hat mit ihrer Stellungnahme vom 16.12.2019 ihre Bemühungen und auch die der Bank 2 dargestellt, die Überweisung zurückzuholen; auf die Einzelheiten dieser Bemühungen nehme ich dabei Bezug.

Nach Mitteilung der Bank 1 habe sie auch die Nachricht seitens der Empfängerbank in Malaysia erhalten, dass der Empfänger die Echtheit der Zahlung bestätigt und eine Rückgabe des Geldes abgelehnt habe.

Der Schlichtungsantrag der Antragstellerin geht dahin, dass die Banken 1 und 2 das Geld zurückholen oder ihr den Betrag erstatten.

Die überweisende Bank 1 habe ihr wichtige und wesentliche Informationen vorenthalten und damit dazu beigetragen, die dringend beabsichtigte Aufklärung des Betruges zu verschleiern bzw. die Aufklärungsarbeiten und Strafverfolgung dadurch eklatant zu behindern.

Ich bedauere den finanziellen Verlust der Antragstellerin, vermag ihr aber leider nicht zu helfen.

Die Banken 1 und 2 haben sowohl im Überweisungsjahr 2014 wie auch später bei den weiteren Bemühungen im Jahre 2019 im Rahmen ihrer Möglichkeiten den Versuch unternommen, das Geld zurückzuholen, was leider nicht gelungen ist.

Weitere Bemühungen scheinen aussichtslos zu sein, weshalb ein Anspruch der Antragstellerin, dass die beiden Banken das Geld auch jetzt noch zurückholen, schon deshalb nicht bejaht werden kann, weil die Banken 1 und 2 keine rechtlichen Befugnisse in Malaysia haben und deshalb auch nicht über die Empfängerbank die Rückführung des Geldes – sollte es noch vorhanden sein – erzwingen können.

Es scheidet ebenfalls aus, dass die Banken 1 und 2 wegen eines eigenen schuldhaften Verhaltens der Antragstellerin eine Erstattung des bezeichneten Betrages schulden.

Die Banken 1 und 2 haben seit dem 9.4.2014 – dem Datum des Widerrufs der am 4.4.2014 erfolgten Überweisung – eine Reihe von Bemühungen angestellt, den Rückfluss der 5000,- € zu erreichen.

Eine schuldhafte Unterlassung solcher Bemühungen habe ich dem Vorgang ebenso wenig entnehmen können wie die Behauptung der Antragstellerin, die Bank 1 als überweisende Bank habe ihr wichtige und wesentliche Informationen vorenthalten, wodurch die Aufklärung des von der Antragstellerin nicht näher dargelegten Betruges eklatant behindert worden sei.

08.03.2020

(Unterschrift)

FSC
www.fsc.org
MIX
Papier | Fördert gute Waldnutzung
FSC® C083411

Kolibri 360 GmbH
Ferdinand-Jühlke-Straße 7
99095 Erfurt, Deutschland
produktsicherheit@kolibri360.de

Druck:
CPI Druckdienstleistungen GmbH
im Auftrag der
Kolibri 360 GmbH
Ferdinand-Jühlke-Str. 7
99095 Erfurt